BEI GRIN MACHT SICH IHR WISSEN BEZAHLT

- Wir veröffentlichen Ihre Hausarbeit,
  Bachelor- und Masterarbeit

- Ihr eigenes eBook und Buch -
  weltweit in allen wichtigen Shops

- Verdienen Sie an jedem Verkauf

Jetzt bei www.GRIN.com hochladen und kostenlos publizieren

Martin Zipfel

Sicherheit von Systemen - Ausfallsicherheit, Redundante Systeme, Notfallmaßnahmen, Technik, Kosten

GRIN Verlag

Bibliografische Information der Deutschen Nationalbibliothek:

Die Deutsche Bibliothek verzeichnet diese Publikation in der Deutschen National-
bibliografie; detaillierte bibliografische Daten sind im Internet über http://dnb.d-
nb.de/ abrufbar.

Impressum:

Copyright © 2005 GRIN Verlag GmbH
Druck und Bindung: Books on Demand GmbH, Norderstedt Germany
ISBN: 978-3-638-72458-6

Dieses Buch bei GRIN:

http://www.grin.com/de/e-book/52067/sicherheit-von-systemen-ausfallsicherheit-
redundante-systeme-notfallmassnahmen

GRIN - Your knowledge has value

Der GRIN Verlag publiziert seit 1998 wissenschaftliche Arbeiten von Studenten, Hochschullehrern und anderen Akademikern als eBook und gedrucktes Buch. Die Verlagswebsite www.grin.com ist die ideale Plattform zur Veröffentlichung von Hausarbeiten, Abschlussarbeiten, wissenschaftlichen Aufsätzen, Dissertationen und Fachbüchern.

Besuchen Sie uns im Internet:

http://www.grin.com/

http://www.facebook.com/grincom

http://www.twitter.com/grin_com

Sicherheit von Systemen – Ausfallsicherheit, Redundante Systeme, Notfallmaßnahmen, Technik, Kosten

Vertiefungsarbeit

von

Martin Zipfel

aus Waldshut

BERUFSAKADEMIE LÖRRACH

– STAATLICHE STUDIENAKADEMIE –

UNIVERSITY OF COOPERATIVE EDUCATION

Studienbereich Wirtschaft

Abgabetermin	28.10.2005
Kurs	WWI03
Studiengang	Wirtschaftsinformatik

Kurzfassung

Der Ausfall von Systemen kann enorme finanzielle Einbußen verursachen, die Folgen können vielfältig sein.

Die Komplexität und der Grad der Vernetzung bei Systemen haben in den letzten Jahren zugenommen. Die Effizienz und Qualität konnte damit zwar steigen, die Systeme sind jedoch auch zunehmenden Bedrohungen ausgesetzt.

Diese Vertiefungsarbeit beschreibt verschiedenste Bedrohungen solcher Systeme und Wege, diesen effektiv entgegenzutreten.

Dabei werden organisatorische Mängel und Maßnahmen beschrieben, detaillierter wird aber auf Maßnahmen, um Komplettausfälle durch den Ausfall von einzelnen Hardwarekomponenten zu vermeiden, eingegangen. Die Sicherheit in Bezug auf die Hardware kann insbesondere durch Redundanzen erhöht werden.

Durch komplett redundant ausgelegte Serversysteme wie Cluster, auf die näher eingegangen wird, kann Hochverfügbarkeit garantiert werden.

Weniger umfangreich werden Viren, Trojaner etc. und Softwarefehler mit den dazugehörigen Maßnahmen, diese zu vermeiden, beschrieben.

Inhaltsverzeichnis

Seite

Abkürzungsverzeichnis

BND	Bundesnachrichtendienst
BSI	Bundesamt für SIcherheit in der Informationstechnik
CD	Compact Disc
DIMM	Dual In-Line Memory Module
DIN	Deutsches Institut für Normung
DoS	Denial of Service
DVD	Digital Versatile Disc
IP	Internet Protocol
IT	Informationstechnologie
MBit	Megabit
PCI	Periphal Component Interconnect
RAID	Redundant Array of Independent Disks (*Redundante Ansammlung unabhängiger Festplatten*)
SPoF	Single Point of Failure
USV	Unterbrechungsfreie Stromversorgung

Abbildungsverzeichnis

1 Einleitung

1.1 Motivation

Ob Webserver, Großrechner oder Arbeitsplatzrechner: der Ausfall von Systemen kann enorme finanzielle Einbußen verursachen. Die Folgen sind vielfältig: Mitarbeiter können nicht arbeiten, Produktionsprozesse werden lahm gelegt, ein schlechteres Ansehen aufgrund eines Webserver-Ausfalls oder der Verlust von wichtigen Daten sind nur einige der denkbaren Konsequenzen.

Im schlimmsten Falle kann der Ausfall eines Systems, schlechte Sicherheitsvorkehrungen vorausgesetzt, den Ruin eines Unternehmens bedeuten, zum Beispiel aufgrund des Verlustes essentieller Unternehmensdaten.

Die Komplexität und der Grad der Vernetzung bei Systemen haben in den letzten Jahren zugenommen. Die Effizienz und Qualität konnte damit zwar steigen, die Systeme sind jedoch auch zunehmenden Bedrohungen ausgesetzt.

Dementsprechend sollte im IT-Bereich im sinnvollen Maße Wert auf Sicherheit bei Systemen gelegt werden. Nach einer Risiko- und Bedrohungsanalyse sollte ein Sicherheitskonzept erstellt werden, um Ausfälle zu minimieren bzw. Ausfallzeiten zu reduzieren.

Oftmals legen Unternehmen zu wenig Wert auf Sicherheit. Systeme funktionieren, die finanziellen Mittel sind knapp. Nötige Sicherheitsvorkehrungen sind nicht umfassend genug, da sie augenscheinlich Kosten verursachen und mit hohem Aufwand verbunden sind. Die möglichen enormen indirekten Kosten durch fehlende Maßnahmen werden nicht bedacht und das Risiko in Kauf genommen.

1.2 Problemstellung und –abgrenzung

Es gibt verschiedenste Bedrohungen für Systeme. „Bösartige Angriffe" von außen, also beispielsweise Viren und Trojaner, können ein System genauso lahm legen wie Hardware-Defekte, Softwarefehler oder Umwelteinflüsse.

Die Problemstellung in dieser Vertiefungsarbeit umfasst im Allgemeinen die verschiedenen Gefahren, die die Aufrechterhaltung des Betriebes von Systemen im IT-Bereich gefährden können.

Da es eine Vielzahl von Gefahren gibt, denen eine unterschiedliche Bedeutung zugemessen werden kann, werden Gefahren mit geringer Relevanz außen vor gelassen. Ein Meteoriteneinschlag beispielsweise wäre zwar möglich, die Gefahr ist jedoch dermaßen gering, dass ein solches Ereignis nicht ausführlich dargelegt wird.

Oftmals fehlen organisatorische Maßnahmen in Unternehmen, um die Gefahren auf ein akzeptables Maß zu reduzieren. Gedanken wie „Bei uns ist noch nie etwas passiert" führen oftmals durch mangelnde Sicherheit zu kritischen Situationen, so dass im schlimmsten Fall ganze Serverlandschaften lahm gelegt werden.

Bezüglich des Begriffs der Sicherheit im IT-Bereich ist auch oft von Datenschutz die Rede, also der Gefahr des Datenmissbrauchs, -klaus und der –manipulation. Diese Thematik ist nicht Teil der Vertiefungsarbeit.

1.3 Ziel der Arbeit & Vorgehen

Die Vertiefungsarbeit beschreibt im Lösungskonzept im Allgemeinen Maßnahmen, um die Sicherheit zu erhöhen, indem die verschiedensten Gefahren minimiert werden.

Redundante Hardware wie z.B. RAID-Systeme reduzieren relevante Gefahren deutlich. Server-Systeme können komplett redundant ausgelegt sein, so dass der Ausfall einzelner Server den Betrieb nicht einschränkt. Der Schwerpunkt der angeführten Maßnahmen liegt bei der Hardware.

Um Gefahren durch bösartige Angriffe von Malware, also z.B. Viren und Trojaner zu reduzieren, können präventiv Maßnahmen durchgeführt werden.

Oftmals fehlende Sicherheitskonzepte in Unternehmen. Notfallkonzepte und Wissen fehlen, um die Sicherheit auf ein angemessenes Niveau zu bringen bzw. zu halten. Deshalb werden auch verschiedene organisatorische Maßnahmen diskutiert.

2 Grundlagen

2.1 Sicherheit als allgemeiner Begriff und im Zusammenhang mit Systemen

Nach der technischen Definition der DIN 65108 bezeichnet Sicherheit einen Zustand, der frei von unvertretbaren Risiken der Beeinträchtigung ist oder als gefahrenfrei angesehen wird

Mit dieser Definition ist Sicherheit sowohl auf Gegenstände als auch auf Lebewesen sowie Systeme bezogen.

Bei komplexen Systemen ist es unmöglich, Risiken völlig auszuschließen. Das vertretbare Risiko für jede mögliche Art der Beeinträchtigung hängt von vielen Faktoren ab und wird zudem subjektiv verschieden bewertet. Zahlenwerte für allgemein gesellschaftlich akzeptierte Grenzwahrscheinlichkeiten für Gefährdungen werden vom Gesetzgeber im Europäischen Raum jedoch nicht vorgegeben, was eine objektive quantitative Bewertung der Sicherheit vieler Systeme praktisch unmöglich macht.

Um den Zustand von Sicherheit zu erreichen, werden Sicherheitskonzepte erstellt und umgesetzt. Sicherheitsmaßnahmen sind erfolgreich, wenn sie dazu führen, dass mit ihnen sowohl erwartete als auch nicht erwartete Beeinträchtigungen abgewehrt bzw. hinreichend unwahrscheinlich gemacht werden.

Allgemein wird Sicherheit jedoch nur als relativer Zustand der Gefahrenfreiheit angesehen, der stets nur für einen bestimmten Zeitraum, eine bestimmte Umgebung oder unter bestimmten Bedingungen gegeben ist. Im Extremfall können sämtliche Sicherheitsvorkehrungen durch Ereignisse, die sich nicht beeinflussen oder voraussehen lassen (z. B. Meteoriteneinschlag), zu Fall gebracht werden. Sicherheit bedeutet daher nicht, dass Beeinträchtigungen vollständig ausgeschlossen sind, sondern nur, dass sie hinreichend (z.B. im Vergleich zum allgemeinen "natürlichen" Risiko einer schweren Erkrankung) unwahrscheinlich sind.[1]

---

[1] Vgl. [WIKI-1]

2.2 Risiko

Die Sicherheit wird aufgrund immer vorhandener Schwachstellen durch verschiedenste Bedrohungen gefährdet. Als Risiko bezeichnet man die Wahrscheinlichkeit des Eintretens eines Schadensereignisses. In Zusammenhang mit dem Begriff Risiko spielt zudem auch die Höhe des potentiellen Risikos eine Rolle. Sehr seltene Ereignisse mit hohem Schadenspotenzial können deshalb trotzdem ein hohes Risiko aufweisen. Formelhaft lässt sich das auch wie folgt darstellen:

Risiko = Eintrittswahrscheinlichkeit x Schadenspotenzial

Bei Sicherheitsüberlegungen spielen somit schützenswerte Objekte, die Erwartungen an ihre Funktionsweise sowie Eintrittswahrscheinlichkeiten und Schadenspotenziale von Bedrohungen eine zentrale Rolle.

2.3 BSI – Bundesamt für Sicherheit in der Informationstechnik

2.3.1 Allgemeines

Das Bundesamt für Sicherheit in der Informationstechnik (BSI) existiert als eigenständige Behörde seit 1991.

Es ist hervorgegangen aus einer geheimen Dienststelle des Bundesnachrichtendienstes (BND), der "Zentralstelle für das Chiffrierwesen", und residiert noch immer in Bonn.

Dort arbeiten die knapp 400 Mitarbeiter in der Zentrale und in Außenstellen in streng bewachten und elektromagnetisch abgeschirmten Gebäuden mit moderner Technik und Ausstattung, vorwiegend Wissenschaftler und Techniker als Beamte, Angestellte oder Soldaten mit Stellenzulage. Die Finanzausstattung aus Bundesmitteln beträgt im Jahr rund 40.000.000 EUR.[2]

2.3.2 Aufgaben des BSI

Dieser Abschnitt enthält im Allgemeinen lediglich die Aufgaben des BSI im Bezug zur Problemstellung dieses Praxisberichtes.

Nach dem BSI-Errichtungsgesetz von 1990 ist der Zweck des BSI die Förderung der Sicherheit in der Informationstechnik.

Zu den Aufgaben gehören zum Beispiel die Untersuchung von Sicherheitsrisiken bei Bundesbehörden und die Entwicklung von kryptographischen Verfahren für den Bund und die Beratung von Bundesbehörden und -einrichtungen zu Sicherheitsfragen

Relevanter für diese Vertiefungsarbeit ist aber die Prüfung und Zertifizierung von informationstechnischen Systemen (Prüfung der Sicherheit als Voraussetzung für den Einsatz in sicherheitsrelevanten Bereichen), Unterstützung und Beratung von Unternehmen und Organisationen in Bezug auf die Sicherheit im IT-Bereich.

---

[2] Vgl. [GEDI05]

Die Aufgaben sind im BSI-Errichtungsgesetz geregelt.[3]

2.3.3 Tätigkeiten des BSI

Dieser Abschnitt enthält im Allgemeinen lediglich die Aufgaben des BSI im Bezug zur Problemstellung dieses Praxisberichtes.

Als "Beratungs- und Dienstleistungsamt" tritt das BSI vielfältig in Erscheinung. Es berät Behörden und Unternehmen in vielen Fragen der technischen Sicherheit (vom Virenschutz bis zur Datensicherheit zur Abwehr von Wirtschaftsspionage), veranstaltet IT-Sicherheitskongresse für Behörden und Vertreter aus Industrie und Wirtschaft, veröffentlicht zahlreiche Publikationen, darunter das "IT-Grundschutz-Handbuch" mit grundlegenden Sicherheitshinweisen im Umgang mit Informationstechnik.

Es prüft technische Anlagen und Geräte auf Sicherheitsrisiken, z.B. das Abstrahlverhalten von Computern, und vergibt bei Einhaltung der zuvor festgelegten Grenzwerte ein Sicherheitszertifikat. Dieses ist für die Verwendung dieser Geräte in sicherheitsrelevanten Bereichen einiger Bundesministerien sogar vorgeschrieben.

Mitarbeiter des BSI sind neben Angehörigen anderer Behörden und Ministerien sowie des Bundeskriminalamts Mitglieder der "Task Force Sicheres Internet", um ständig Sicherheitsrisiken im Internet zu erkennen und zu beseitigen. [4]

2.4 „Entwicklung" der Bedeutung der Sicherheit in der Informationstechnik und gegenwärtige Lage

Die Entwicklung und Verbreitung der Informationstechnologie ist eine beispiellose Erfolgsgeschichte. Innerhalb weniger Jahrzehnte hat sie in verschiedenste Lebensbereiche Einzug gehalten und diese verändert und geprägt.

Viele Aufgaben in Wirtschaft und Verwaltung sind ohne funktionierende IT nicht mehr lösbar, komplette Wirtschaftszweige davon abhängig.

Diese Abhängigkeit stellt zwangsläufig auch immer höhere Anforderungen an die Sicherheit und Zuverlässigkeit in der Informationstechnologie.

Folgende Entwicklungen spielen hierbei eine entscheidende Rolle:

1. Durchdringung: In immer mehr Lebensbereichen ist die IT von Bedeutung. Beispielsweise Haushaltsgeräte, Autos oder Telefone enthalten mittlerweile IT-Komponenten.

2. Heute eingesetzte Systeme sind oftmals hochkomplex. Die Gefahr besteht, dass die Komplexität stärker wächst, als man diese beherrschen kann. Software wird immer komplexer und die Funktionen umfangreicher, entsprechend steigt das Risiko, dass Probleme

---

[3] Vgl. [GEDI05]
[4] Vgl. [GEDI05]

entstehen. Auch die Anzahl der Schnittstellen zu anderen Systemen hat stark zugenommen.

3. Die Entwicklung der Informationstechnologie erfolgt in schnellem Tempo. Die Zeit, bis ein Produkt nach seiner Entwicklung auf den Markt kommt, hat sich deutlich verkürzt. Der Zeitdruck kann zu „unreifen", fehlerhaften Produkten führen.

4. Vernetzung: Die Anzahl geschlossener Systeme sinkt, Systeme sind immer mehr untereinander vernetzt. Die Abhängigkeiten und die Gefahren von außen steigen.

2.5 Redundanz

Der Begriff Redundanz bezeichnet allgemein das mehrfache Vorhandensein von Objekten.

Eine Redundanz kann negativ sein. Beispielsweise. im Zusammenhang mit Daten können Versionskonflikte entstehen oder unnötig Speicherplatz verbraucht werden.

Im Bezug auf diese Vertiefungsarbeit sind jedoch Redundanzen im positiven Sinne gemeint. Ressourcen eines technischen Systems sind mehrfach vorhanden, werden für den Betrieb des Systems jedoch nur einmal benötigt. Die Ausfallsicherheit wird somit erhöht, da bei Ausfall der Ressource der Betrieb des Systems aufrechterhalten werden kann.

2.6 Ausfallsicherheit

Die Ausfallsicherheit ist die definierte Sicherheit gegen einen Ausfall. Sie wird durch den Einsatz von Redundanzen erhöht.

In der Technik wird eine Ausfallsicherheit durch technische Redundanzen und organisatorische Maßnahmen erzielt.

- die Bereitstellung einer Ersatzkomponente, die bei einem Ausfall zum Einsatz kommt; wie ein Notstromgenerator bei einem Stromausfall.

- Redundanz der Funktion durch verschiedene Prinzipien. Die gleichzeitige Verwendung eines elektronischen und mechanischen Messgeräts.

- Verwendung paralleler Komponenten, die die zusätzliche Belastung übernehmen. Beispiel: mehrstrahliges Flugzeug

Die Ausfallsicherheit grenzt sich zur Ausfallwahrscheinlichkeit ab.[5]

---

[5] Vgl. [WIKI-2]

2.7 Ausfallwahrscheinlichkeit

Die Ausfallwahrscheinlichkeit beschreibt die Wahrscheinlichkeit eines Versagens, also eines Ausfalls.

Es wird unterschieden in:

- Frühausfälle, sie treten in der ersten Lebenszeit eines Systems auf und beruhen auf einer mangelnden Routine.

- Zufallsausfälle kommen während der mittleren Lebensdauer eines Systems, sind aber am geringsten.

- Am Ende der Lebensdauer summieren sich die Verschleißausfälle, die auf Verschleiß beruhen und so einen totalen Ausfall oder die organisatorische Stilllegung mit sich ziehen.

Die Ausfallwahrscheinlichkeit grenzt sich zur Ausfallsicherheit ab.[6]

2.8 Hochverfügbare Systeme

Ein System gilt als hochverfügbar, wenn eine Anwendung auch im Fehlerfall weiterhin verfügbar ist und ohne unmittelbaren menschlichen Eingriff weiter genutzt werden kann. In der Konsequenz heißt dies, dass der Anwender keine oder nur eine kurze Unterbrechung wahrnimmt. Hochverfügbarkeit bezeichnet also die Fähigkeit eines Systems, bei Ausfall einer seiner Komponenten einen uneingeschränkten Betrieb zu gewährleisten.

Hochverfügbarkeits-Architekturen verfügen meist über folgende Eigenschaften:

› Toleranz und Transparenz gegenüber Fehlern
› Präventive Build-in-Funktionalitäten
› Proaktives Monitoring und schnelle Fehlererkennung
› Schnelle Wiederherstellungsmöglichkeiten
› Automatisierte Wiederherstellung ohne administrative Eingriffe
› Kein oder geringer Datenverlust

2.9 Single Point of Failure

Unter einem Single Point of Failure oder kurz SPoF versteht man diejenigen Komponenten eines Systems, die bei einem Ausfall den Komplettausfall eines Systems nach sich ziehen. Bei hochverfügbaren Systemen muss darauf geachtet werden, dass alle Systeme redundant ausgelegt sind.

---

[6] Vgl. [WIKI-3]

3 Problemanalyse

3.1 Organisatorische Mängel & menschliches Fehlverhalten

Trotz der steigenden Bedrohungen für Systeme und der hohen Bedeutung der Sicherheit gibt es viele organisatorische Unzulänglichkeiten bzgl. der Sicherheit bei Unternehmen. Die folgenden Kapitel sollen diese darlegen.

3.1.1 Bedienfehler

Bedienfehler resultieren aus Unkenntnis oder mangelnder Konzentration der Nutzer eines IT-Systems. Beispielsweise werden Firewall-Systeme für einen befristeten Installations- oder Wartungsvorgang auf vollständigen Durchlass geschaltet, nach Abschluss der Arbeiten aber weiter unnötig offen gehalten. Software-Updates werden vergessen, Sicherheitslücken damit nicht beseitigt. Datensicherungen werden nicht ordnungsgemäß durchgeführt.

3.1.2 Fehlende oder unklare Anforderungen

Sicherheitsziele und –schwerpunkte sind in Unternehmen oftmals nicht oder nicht verbindlich definiert. Standardisierte Verfahren zur Ermittlung von Anforderungen existieren nicht, Vorgaben von Fachbereichen fehlen.

Erforderliche Sicherheit wird von den Mitarbeitern ggf. nach Erfahrungswerten eingeschätzt.

3.1.3 Fehlendes Vorgehensmodell

Des Öfteren existiert kein Vorgehensmodell, wie die Sicherheit von Systemen strategisch, systematisch, zielorientiert und effizient aufgebaut und weiterentwickelt werden soll. Entsprechend fehlen die Transparenz und die Nachvollziehbarkeit, Arbeiten werden doppelt erledigt und Sicherheitslücken entstehen. Notfallpläne existieren nicht.

Sicherheitslücken werden oft erst dann behoben, wenn es zu spät ist und Probleme auftreten, sie werden also nur kurzfristig symptomorientiert bekämpft. Eine langfristige ursachenorientierte und ganzheitliche Bekämpfung fehlt.

Es fehlen des weiteren Verfahren, wie Wissen bzgl. der Sicherheit gesichert, verbessert und allen, die diese Informationen benötigen, zur Verfügung gestellt wird.

3.1.4   Späte Sicherheitsüberlegungen

Oftmals wird erst bei der Inbetriebnahme eines Systems an die Sicherheit gedacht. Dementsprechend spät werden Überlegungen über Sicherheitsanforderungen und –maßnahmen angestellt. Die Kosten sind in der Regel höher wie bei frühzeitigen Bearbeitung der Thematik.

Bereits beim Erstellen eines Konzeptes und bei der Entwicklung und Tests von Systemen sollten Sicherheitsaspekte ausreichend bedacht werden, da hier bereits der Grundstein für die spätere Sicherheit gelegt wird.

3.1.5   Mittelbereitstellung

Das Management muss die erforderlichen Mittel und Ressourcen bereitstellen, damit man die nötigen Sicherheitsvorkehrungen treffen zu können. Oftmals sind Kenntnisse über die Notwendigkeit nicht vorhanden.

3.1.6   Fehlende Standardisierung

Manche Unternehmen entwerfen Ihre Sicherheitskonzepte komplett neu, obwohl vorhandene Konzepte, die auf umfangreichem Wissen anderer basieren, abstrahiert und weiterentwickelt werden könnten. Die Qualität des Ergebnisses variiert entsprechend. Das Sicherheitsniveau ist je nach Vorkenntnissen der Mitarbeiter unterschiedlich.

So können z.B. Windows-2003-Server-Systeme aufgrund unterschiedlicher Fachkräfte vollkommen verschiedene Sicherheitsniveaus aufweisen.

3.1.7   Bewertung der Sicherheit und des Sicherheitsbedarfs

Die Unterstützung von Geschäftsprozessen durch Informationssysteme wird immer häufiger. Systeme von Kunden und Lieferanten sind an das eigene System angebunden. Transaktionen sollen jederzeit abgewickelt werden können, Ausfälle führen hohe Kosten und Beeinträchtigen das Image.

Der Schutzbedarf ist in der Vergangenheit kontinuierlich angestiegen und steigt weiterhin an. Das Risiko wächst gleichzeitig und die Sicherheitsmaßnahmen müssen somit weiterentwickelt werden.

Durch Gesetze werden zudem immer mehr Anforderungen gestellt, beispielsweise durch das Teledienstgesetz (TDG) oder das Gesetz zur Kontrolle und Transparenz im Unternehmensbereich (KonTraG).

3.2 Unmittelbare Bedrohungen/Gefahren für Systeme

Bedrohungen von Systemen ergeben sich in verschiedensten Hinsichten. Diese Bedrohungen werden in den nächsten Kapiteln ausführlich dargelegt.

3.2.1 Technische Defekte

3.2.1.1 Hardwareausfälle

Jede Hardware hat eine begrenzte Nutzungsdauer. Am Ende der Nutzungsdauer nimmt die Fehlerhäufigkeit drastisch zu. Ferner tritt in der Zeit der Inbetriebnahme eine höhere Fehlerrate auf. Dies zeigt Abbildung 1 „Fehlerrate im Verhältnis zur Nutzungsdauer":

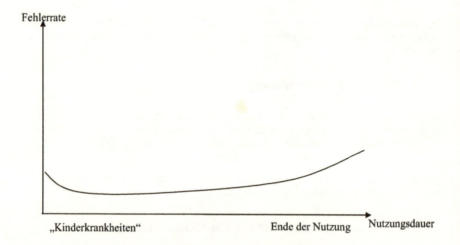

Denkbar sind beispielsweise defekte Festplatten, durchgebrannte Prozessoren oder defekte Netzwerkkarten. Die Diagnose und Beseitigung der Probleme kann lange dauern, da das Besorgen von Ersatzteilen und das Reparieren oftmals viel Zeit erfordert.

Im Bereich der Hardware-Ausfälle zeigen sich immer wieder zwei Ursachen für Fehler verantwortlich: mechanische Defekte und thermische Probleme. Unter mechanischen Defekten kann man neben Kontaktfehler durch Verschmutzung und Korrosion auch den Verschleiß drehender Teile eines Rechners subsumieren, also Festplatten, CD-ROM-Laufwerke und die zahlreichen Lüfter.

Der ständige Luftstrom durch den Rechner bewirkt den Staubsauger-Effekt: Die eingesaugten Partikel lagern sich auf Kontakten ab und sorgen mit der Zeit für Probleme - insbesondere beim Einbau neuer Komponenten. Gleichzeitig verringert die Verschmutzung die Kühlung von Bauteilen.

Thermische Probleme hängen meist mit defekten Lüftern zusammen. Zu kleine Lüfter, Verschmutzung und ungünstiger Aufbau - beispielsweise durch schlecht verlegte Flachbandkabel und dicht gepackte schnelle Festplatten - lassen Komponenten rapide altern.

Hohe Temperaturen verkürzen die Lebensdauer. Wird ein elektronisches Bauteil statt bei 25° Celsius Umgebungstemperatur bei rund 50° Celsius betrieben, halbiert sich die projektierte Lebensdauer. Erste Defekte treten dann oft schon nach 24 Monaten auf. Auch bei Festplatten ist ein derartiges Verhalten üblich.

Ausfälle von Festplatten sind besonders kritisch, da die Daten auf einer defekten Platte verloren gehen. Sind Serversysteme mit nur einzelnen Netzwerkkarten ausgestattet, ist der Server beim Ausfall dieser Karte vom Netz abgetrennt.

Netzteile gehören zu den häufigen Ausfallkandidaten. Die Schaltnetzteile müssen eine enorme Leistung auf verhältnismäßig kleinem Raum umsetzen. Spannungsschwankungen und Spitzenspannungen aus dem selten sinusförmigen Netz kommen hinzu und stressen die Schalttransistoren. Weiterhin spielen thermische Probleme eine wichtige Rolle. Nach einem Jahr Betrieb belegt eine dicke Staubschicht einige Komponenten im Netzteil und erhöht dadurch die thermische Belastung.

Das Thema Netzwerk und Ausfallsicherheit ist naturgemäß heikel. Oftmals sind einzelne Netzwerkkarten in den Rechnern und Servern eingebaut. Sollte diese Komponente ausfallen, ist das Netzwerk nicht mehr verfügbar. Auch die zumeist unbeachteten Hubs und Switches sind oftmals nur einmal vorhanden. Und, last not least, ist auch die Internet-Anbindung selbst häufig ein so genannter "single point of failure". Eine weitere Einschränkung betrifft die heute übliche Anbindung von Servern: Oftmals verfügen die Geräte nur über eine 100-MBit-Netzwerkkarte, die ebenso schnell ist wie die eines einzigen Clients. Greifen mehrere User gleichzeitig auf den Server zu, wird die Serveranbindung zum Flaschenhals. [7]

3.2.1.2 Netzwerk

Ein kompletter Netzwerkausfall kann Server-Systeme lahm legen und beabsichtigt oder unbeabsichtigt verursacht werden. Zu den beabsichtigten Ausfällen zählen z.B. DoS-Attacken. Möglich wäre jedoch auch, dass beispielsweise ein Bagger versehentlich ein Kabel durchtrennt.

Unterbrechungen werden zwar schnell festgestellt, sind aber meist schwierig zu beheben.

3.2.1.3 Stromausfälle

Eine zuverlässige Stromversorgung ist für einen sicheren IT-Infrastrukturbetrieb unabdingbar. Auch wenn die Stromversorgung heute in vielen Ländern – zumindest in Mitteleuropa – eine recht hohe Qualität und Zuverlässigkeit aufweist, treten doch regelmäßig Probleme auf, die unter

---

[7] Vgl. [TECC01]

anderem zu Unterbrechungen oder Über- und Unterspannungen führen können. Im Extremfall kommt es aufgrund von Kettenreaktionen gelegentlich gar zu mehrtägigen, sich über weite Gebiete erstreckende „Blackouts", so z.B. im Jahr 2003 in Italien und Nordamerika.

Als Spannungsverluste oder Unterspannungen werden kurzfristige Einbrüche des Spannungsniveaus bezeichnet. Die Stromversorger bemühen sich zwar, Spannung und Frequenz stabil zu halten, je nach Belastung der Netze kann aber die Spannung erheblich schwanken. Ändert sich die Stromnachfrage plötzlich stark, beispielsweise weil mehrere große Verbraucher zugeschaltet werden, so kann das Spannungsniveau deutlich absinken.

Totale Stromausfälle können viele Ursachen haben. So können übermäßiger Strombedarf (Klimaanlagen im Sommer), Gewitter, Vereisung von Leitungen, Unfälle (Bagger), Brände oder Erdbeben zu einem Totalausfall der Versorgung führen. Wird die Stromversorgung plötzlich unterbrochen, so sind in der Regel mit Datenverlusten bis hin zu Hardwareschäden zu rechnen.

Mit Spannungsspitzen oder Überspannungen werden plötzliche, steile Anstiege der Netzspannung bezeichnet. Auch das Ausschalten großer Verbraucher kann eine Ursache sein. Spannungsspitzen können zur Zerstörung von Geräten und zu Datenverlust führen. Probleme mit der Stromversorgung verursachen natürlich regelmäßig auch Ausfallzeiten. [8]

3.2.1.4 Höhere Gewalt

Höhere Gewalt können Blitzschlag, Feuer oder ein Erdbeben, aber auch Streiks von IT-Fachkräften sein.

Die Gefahr solcher Umwelteinflüsse ist zwar sehr gering, bei Eintritt sind die Konsequenzen jedoch auch enorm und die Aufrechterhaltung bzw. Wiederinbetriebnahme von Systemen schwierig.

3.2.1.5 Softwarebugs

Jede Software wurde im Endeffekt von Menschen erstellt. Die Qualität hängt dabei stark von der Kompetenz der Programmierer und deren Rahmenbedingungen ab. Die Kompetenz wird u.a. durch den Kenntnisstand und die verwendete Methodik bestimmt. Rahmenbedingungen wie Zeitdruck und die beständige wachsende Komplexität der Software provozieren nahezu Fehler.

Der Zeitdruck beschränkt die Programmierer auf das für sie Unverzichtbare, nämlich die Codeerstellung. Dem Zeitdruck wird zuerst die Dokumentation geopfert, die anderen Projektmitarbeitern das detaillierte Verständnis und damit die lückenlose Übernahme der Programmiertätigkeit ermöglicht. Danach spart man an Tests und hinreichend Testszenarien. Bei vielen der aktuellen Softwarepakete ist aufgrund ihrer Komplexität ein vollständiger Test mit allen Konstellationen der Inputdaten in endlicher Zeit gar nicht mehr möglich. Der Großteil der eingesetzten Software wird nicht mit formalen Methoden überprüft. Software ist im Regelfall nicht durch externe Gremien verifiziert und zertifiziert.

---

[8] Vgl. [AEBI04], S.39

Aus diesen Gründen ist bei jeder Software von Programmierfehlern auszugehen, die mehr oder weniger bedeutungsvolle Fehlfunktionen verursachen. Diese Fehlfunktionen können Systeme komplett lahm legen oder zu Datenverlusten führen.

Beliebige Software kann mit Bugs behaftet sein. Oftmals führen aber auch Bugs in Betriebssystemen zu Problemen. Systeme stürzen hierdurch ab oder bösartiger Software wie Trojanern können Sicherheitslücken ausnutzen.

3.2.2 Malware: Viren, Trojaner & Co.

Unter Malware fasst man jegliche Formen von „schädlicher Software" zusammen.

Systeme werden oft durch Malware beeinträchtigt, da die schädlichen Programme einige günstige Charakteristiken besitzen:

- schwierig zu entdecken

- schwer zu entfernen/neutralisieren/zerstören

- hohe und rasche Verbreitung

- evtl. plattformunabhängig

Malware bleibt oftmals lange unentdeckt und wird dadurch entsprechend weiterverbreitet oder kann schädliche Funktionen ausführen (z.B. bei Trojanern).

Durch Datenträger wie CD-ROMs oder Disketten kann Malware genauso wie über das Internet in ein System eindringen.

3.2.2.1 Viren

Viren sind die älteste Form von Malware. Ein Virus ist ein nicht selbständiges, aber selbstreplizierendes Programm. Viren können bei ihrer Ausführung die Umgebung untersuchen und sich versuchen, an einen so genannten „Wirt" (Programm- oder Datendatei) anzuhängen und sich dadurch weiter zu verbreiten.

3.2.2.2 Würmer

Würmer sind selbständige, selbstreplizierende Programme. Im Gegensatz zu Viren benötigen Würmer also keine Wirtsprogramme. Würmer verbreiten sich über Netzwerke, oftmals per E-Mail.

3.2.2.3 Trojanische Pferde

Trojanische Pferde sind Programme, die nützliche, aber auch undokumentierte schädliche Funktionen beinhalten und diese ohne Wissen der Anwender ausführen. Sie enthalten kein Replikationsmechanismus. Die Verbreitung erfolgt oft per E-Mail. Es gibt beispielsweise versteckte Passwort-Sniffer, die Passwörter mitlesen oder Trojaner, die Sicherheitslücken öffnen.

3.2.2.4 DoS – Denial Of Service

Die Ressourcen eines Systems werden so stark belastet, dass die ordnungsgemäße Funktionalität dieses Systems nur noch eingeschränkt oder gar nicht mehr erbracht werden kann. Oftmals erfolgt dies durch eine Vielzahl von Anfragen an Server, durch den Dienste nicht mehr oder nur noch eingeschränkt erbracht werden können.

3.3 Zusammenfassung

Zusammenfassend kann man sagen, dass es verschiedenste Bedrohungen für Systeme gibt. Grob werden diese in organisatorische Mängel, technische Defekte (Hardware/Software) sowie Bedrohungen durch bösartige Software („Malware") eingeteilt.

4 Lösungskonzept

Im Allgemeinen kann gesagt werden, dass die Ausfallsicherheit eines Systems auf ein geeignetes Maß erhöht werden soll. Die Notwendigkeit von Sicherheitsvorkehrungen muss dafür richtig eingeschätzt werden. Einen unwichtigen Client-Rechner mit redundanten Netzteilen und einem RAID-System auszustatten verursacht nur unnötige Kosten, einen essentiellen Server nicht abzusichern ist genauso sinnlos.

Das Kapitel geht aufgrund des Untertitels „Ausfallsicherheit, redundante Systeme, Notfallmaßnahmen, Kosten" auf Präventivmaßnahmen wie redundante Systeme näher ein als auf organisatorische Mittel.

4.1 Organisatorisches

4.1.1 Allgemeines

In jedem Unternehmen, in dem ein gewisser Grad von IT-Sicherheit notwendig ist, ist ein Sicherheitskonzept vonnöten. Die Sicherheitsziele und –schwerpunkte müssen darin genau festgelegt sein, Bedrohungen analysiert werden. Notfallmaßnahmen für einzelne Szenarien müssen genau festgelegt sein. Die Vorgehensweise bei denkbaren Ereignissen wie z.B. Festplattenausfällen muss bereits definiert sein. Bei Einführung neuer Systeme müssen so früh wie möglich Sicherheitsfragen diskutiert werden.

Die Notwendigkeit von Sicherheitsmaßnahmen wird durch die korrekte Bewertung und Einstufung von Bedrohungen festgelegt.

Mitarbeiter müssen bzgl. Sicherheitsfragen ausreichend geschult sein, und ausreichend gewissenhaft arbeiten, damit es nicht zu Bedienfehlern kommt, die verheerende Konsequenzen haben können. Präventivmaßnahmen wie z.B. Datensicherungen dürfen nicht vernachlässigt werden.

Die finanziellen Mittel, um den nötigen Sicherheitsstandard zu erreichen bzw. zu halten, müssen vom Management zur Verfügung gestellt werden. Ggf. muss dieses dazu über die Notwendigkeit Bescheid wissen.

Die Notwendigkeit von Wartungsverträgen muss diskutiert werden und entsprechende Verträge abgeschlossen. Verschleißteile wie Lüfter müssen regelmäßig überprüft und je nach Sicherheitsbedarf auch regelmäßig ausgetauscht werden.

Das BSI veröffentlicht regelmäßig Informationen bezüglich Sicherheit und berät Unternehmen in Sicherheitsfragen.

4.1.2 Bedrohungsanalyse durchführen und Maßnahmen festlegen

Im Rahmen einer Bedrohungsanalyse muss festgelegt werden, was die vorliegenden Gefahren für einen sicheren IT-Betrieb sind. Solche Überlegungen sind auf der Basis einer Analyse verschiedener Bedrohungsarten, deren Eintrittswahrscheinlichkeiten und Schadenspotenzial sowie auf den zu erreichenden Schutzzielen durchzuführen.

Wenn verschiedene Bedrohungsszenarien analysiert und die IT-Infrastruktur zudem detailliert erfasst ist, kann über Sicherheitsmaßnahmen nachgedacht werden.

Es gibt die Möglichkeit einer individuellen, auf eine konkrete Situation abgestimmte Analyse und Umsetzung, wenn die Situation sehr speziell ist.

In der Regel wird jedoch auf bereits etablierte Vorgehensweisen zurückgegriffen. Diese liegen in vielfältiger Form vor, weil die Gewährleistung eines sicheren IT-Betriebes eine Aufgabe ist, die von zahlreichen Unternehmen bereits gelöst werden musste, es gibt viele Standardsituationen, z.B. Notfallmaßnahmen bei bestimmten Hardwareausfällen. Ergebnisse lassen sich in der Regel mit vernünftigem Aufwand auf vergleichbare Situationen übertragen.

Aufbauend auf bewährten Vorgehensweisen soll anhand von Soll-/Ist-Vergleichen rasch ein angemessenes Sicherheitsniveau erreicht werden.

Im deutschen Sprachraum spielt hier vor allem das IT-Grundschutzbuch des BSI eine bedeutende Rolle. Es existieren aber noch eine Reihe anderer solcher Regelwerke. Selbstverständlich müssen solche Regelwerke laufend an sich verändernde Bedrohungen und die technologische Entwicklung angepasst werden.[9]

4.1.3 Sicherheitskonzepte und –richtlinien

Maßnahmen zur Aufrechterhaltung oder Erhöhung der Sicherheit müssen aufeinander abgestimmt sein. Der gewünschte Umgang mit Bedrohungen sollte deshalb in einem Sicherheitskonzept festgelegt sein.

In vielen Betrieben fehlen hierfür Fachwissen und die finanziellen Mittel. Pragmatische Lösungen sind gefragt, die mit wenig Aufwand umgesetzt werden können. Nichtsdestotrotz müssen die festgelegten Maßnahmen umsetzbar sein.

Ein Sicherheitskonzept enthält Grundsätze, Vorschriften und Maßnahmen und regelt Verantwortlichkeiten.

---

[9] Vgl. [AEBI04], S.17

Entscheidend ist, das ein solches Sicherheitskonzept von der Unternehmensleitung beschlossen wird und die Umsetzung aktiv unterstützt wird.

Maßnahmen, die in einem Sicherheitskonzept festgelegten Maßnahmen lassen sich in drei Gruppen einteilen:

- Präventive Maßnahmen

- Kontrollierende Maßnahmen

- Reaktive Maßnahmen (Notfallmaßnahmen)

Sicherheitskonzepte sind regelmäßig auf ihre Aktualität und Wirksamkeit hin zu überprüfen.[10]

Gegebene Sicherheitskonzepte können abstrahiert und abgeleitet werden, was externes, fundiertes Wissen in das Konzept einfließen lässt.

Wichtig sind bei Sicherheitskonzepten beispielsweise auch Datensicherungsrichtlinien. Hier wird festgelegt, welche Daten gesichert werden, wer verantwortlich ist, wie häufig Sicherungen stattfinden und welche Verfahren verwendet werden. Datensicherungen sollten regelmäßig kontrolliert werden.

4.1.4 Kosten

Wirtschaftliche Überlegungen spielen bei Sicherheitsüberlegungen eine zentrale Rolle. Es gilt, ein Kompromiss zu finden zwischen Investitionen und Kosten, die durch mögliche Schäden verursacht werden. Die notwendigen Entscheidungsgrundlagen (Eintrittswahrscheinlichkeiten, Schadenspotenziale etc.) können nur mit Unsicherheiten erhoben werden. Deshalb ist es schwer, das richtige Maß zu finden. Sicherheit als Prozess verursacht nicht nur einmalige, sondern auch laufende Kosten. [11]

---

[10] Vgl. [AEBI04], S.18 ff
[11] Vgl. [AEBI04], S.15

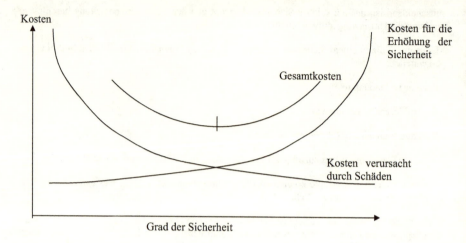

4.2 Hardware: Präventivmaßnahmen

4.2.1 Redundante Hardware

Um Systeme sicherer zu machen, werden sehr oft redundante Systeme in Betracht gezogen. Hardwarekomponenten sind doppelt vorhanden und werden permanent dual verwendet oder Ersatzkomponenten kommen im Notfall zum Einsatz.

4.2.1.1 Festplatten: RAID

Ausfälle von Festplatten sind besonders kritisch, da die Daten auf einer defekten Platte verloren gehen. RAID -Systeme mit redundanter Datenspeicherung auf mehreren Festplatten schützen vor dem Datenverlust. Ein weiterer Vorteil ist die bessere Performance, die durch parallele Schreib- oder Lesevorgänge entsteht. Der Nachteil sind höhere Kosten für Datenträger und spezielle RAID-Controller.

Allerdings ist dieser Nachteil gering gemessen am Wiederherstellungsaufwand für einen defekten Datenträger beispielsweise von einem Backup-Band. Dennoch: RAID schützt nicht vor Datenverlusten durch Löschen oder durch Virenbefall.

Der einfachste Fall von RAID ist die Festplatten-Spiegelung oder RAID-1. Hier werden die Daten gleichzeitig auf zwei identische Festplatten geschrieben. RAID-1 stellt trotz des verschwenderischen Umgangs mit Plattenplatz eine verhältnismäßig preiswerte Lösung dar, weil der Aufwand für die Berechnung spezieller Prüfsummen entfällt.

Mit mindestens drei Platten lässt sich auch ein RAID-5-System aufbauen. Der Unterschied ist die Berechnung der Redundanz: Hier werden die Informationen durch eine Prüfsumme abgesichert, aus der sich die Daten im Fehlerfall einer Festplatte sicher wieder zurückrechnen lassen. Durch dieses Verfahren lässt sich Plattenplatz sparen, da in der Kapazitätsbilanz immer nur eine Platte die Fehlerinformationen tragen muss. Bei einem System mit 5x36 GByte Plattenplatz sind also netto 4x36 GByte Platz vorhanden. Die Prüfsummen werden gleichmäßig auf alle Platten verteilt, um die Ausfallchancen zu minimieren.

Im Profi-Bereich hat SCSI aufgrund der Zuverlässigkeit trotz aller Totsagungen vergangener Jahre die Nase vorn. Auch hier gibt es RAID-1-Lösungen für ein Plattenspiegelpaar, allerdings kosten diese Lösungen auch deutlich mehr als IDE oder S-ATA-Lösungen. Sowohl Controller wie auch Festplatten sind teurer.

Bei RAID-Systemen muss auf eine korrekte Konfiguration Wert gelegt werden. Ein RAID-5-System nützt nichts, wenn es nicht so konfiguriert ist, dass es bei einem Festplattenausfall weiterläuft. Die Rekonstruktion von Daten sollte ebenfalls automatisch erfolgen.

Wichtig ist auch, dass Administratoren ausreichend über Festplattenausfälle informiert werden, beispielsweise durch Alarmmeldungen. Leuchtet beim Ausfall einer Platte lediglich eine kleine Diode rot, die nur sehr selten von Mitarbeitern gesehen bzw. überprüft wird, erfüllt das RAID-System nicht seinen Zweck, die Gefahr von Datenverlust steigt.

Die Absicherung der Festplatten mittels RAID ist praktisch ein Muss, um den Rechner ausfallsicher zu machen.[12]

4.2.1.2 Netzwerkabsicherung: doppelte Netzwerkkarten und Subnetze

4.2.1.2.1 Allgemeines

Sicherheitsstandard bzgl. des Netzwerkes sind oft unzureichend, lassen sich jedoch bereits ohne enorme Kosten verbessern.

Eine mögliche Lösung ist die Einteilung des Netzwerkes in Subnetze, wobei der Server entsprechend viele Netzwerkkarten wie Subnetze erhält. So ist die Last einerseits besser verteilt, andererseits ist beim Ausfall einer Netzwerkkarte nur das jeweilige Segment vom Netz abgehängt. Die Kosten für diese einfachste Lösung sind gering. Für erhöhte Sicherheit sollten auch auf der Router/Switch-Seite für jedes Subnetz unabhängige Geräte vorhanden sein. Dies erhöht den finanziellen Aufwand deutlich.
Eine weitere, elegante Lösung ist der Einbau von Dualport-Netzwerkkarten oder Netzwerkkarten, die einen speziellen Treiber zur Bündelung von Netzwerkverbindungen (Adapter Teaming) mitbringen. Damit lassen sich gleich zwei Fliegen mit einer Klappe schlagen: Die Karten werden alle unter einer IP-Adresse angesprochen - deshalb ist es nach Außen nicht ersichtlich, welche der Karten die Anfrage entgegennimmt oder Daten sendet. Wenn eine Karte ausfällt, übernimmt die zweite Karte deren Datenpakete, ohne dass ein Client etwas davon bemerkt. Bedingung ist natürlich, dass der Treiber für das jeweilige Betriebssystem auch vorliegt.[13]

---

[12] Vgl. [TECC01]
[13] Vgl. [TECC01]

4.2.1.2.2 Adapter-Teaming

Durch das Teaming von Netzwerkkarten lässt sich ein guter Leistungszuwachs in Senderichtung, also vom Server zu den Clients erzielen. Beide Adapter können gleichzeitig Daten verschicken, die dann ein Switch an die Clients transferiert. So lässt sich der vorher beschriebene Flaschenhals bei der Anbindung von Servern verkleinern, ohne dass etwa eine neue Verkabelung notwendig wird. Beim Empfang funktioniert die Beschleunigung durch diese Kanalbündelung jedoch nur, wenn der Switch mitspielt und weiß, dass er diese IP-Adresse an zwei verschiedenen Ports ansprechen kann.

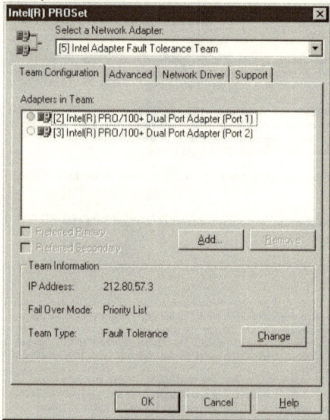

**Netzwerkkarten als Team: Mit diesem Treiber können
bis zu vier Netzwerkkarten zu einem Team
zusammengefügt und unter einer einzigen IP-Adresse
angesprochen werden.**

Ein gutes Beispiel für Mehrport-Karten sind die Server-Netzwerkkarten
(http://www.intel.com/network/products/server_adapters.htm) von Intel. Die Karten sind unter

der Typenbezeichnung Intel Ether Express PRO 100+ Server Adapter und Intel Ether Express PRO 100+ Dual Port erhältlich. Die erste Baureihe enthält nur einen Ethernet-Chip und muss daher mindestens zwei Mal im Rechner eingebaut werden. Jede Karte belegt wie üblich einen IRQ. Der Dualport-Adapter belegt hingegen nur einen IRQ und natürlich auch nur einen Steckplatz, was in dicht gepackten Serversystemen ein großer Vorteil sein kann. Diese Karte verfügt ebenfalls über zwei Ethernet-Chips, jedoch nur eine einzige PCI-Bridge.

Fazit Netzwerk: Ein Netzwerk ausfallsicher zu machen, ist etwas schwieriger, denn es sind gute Kenntnisse hinsichtlich Routing und Subnetz-Architekturen notwendig. Nur zwei Netzwerkkarten in den Rechner zu stecken, um damit eine Sicherheit zu bekommen, genügt nicht. [tecchannel[14]

4.2.1.2.3 Internet-Anbindung

Ist bei Systemen die Internetanbindung sehr wichtig, ist eine doppelte Internetanbindung empfehlenswert. In solchen Fällen bietet sich dann auch der Einsatz einer redundanten Firewall an, um Risiken zu minimieren.

4.2.1.3 Redundante Netzteile

Eine gute Lösung bei netzteilrelevanten Problemen ist der Einsatz von redundanten Netzteilen. Diese bestehen aus einer passiven Stromverteilung sowie zwei oder drei Einschüben mit den aktiven, spannungsregelnden Komponenten. Wie bei anderen ausfallsicheren Systemen, ist ein einziger Einschub in der Lage, den Strom für den Server zu liefern, vorausgesetzt, man dimensioniert die Sache entsprechend.

Im Normalbetrieb arbeiten beide Netzteile gemeinsam, wodurch die Belastung der einzelnen Bauteile reduziert wird. Typisch handelt es sich im Serverbereich um 2x250- oder 2x300-Watt-Netzteile, die genügend Leistungsreserven besitzen. Ein eingebauter Summer sowie eine Leuchtdiode informieren den Nutzer über den Ausfall eines Netzteil-Einschubs. Erhältlich sind die Netzteile beispielsweise von Enermax (http://www.enermax.com.tw/power-3.htm) und E-lanVital (http://www.elanvital.com.tw/products/power.htm). Redundante Netzteile mit hoher Leistung, die von den Abmessungen und Anschlüssen normalen ATX-Netzteilen entsprechen, haben ihren Preis: Zwischen 300 und 800 Euro kosten die ausfallsicheren Kraftwerke. Tecchannel[15]

4.2.2 Thermische Probleme vermeiden

Bessere Gehäuse haben vor den Lüftungsöffnungen ein Filtervlies, das den Staub abhält. Wichtig ist aber, dieses gelegentlich zu reinigen. Ansonsten kann der verringerte Luftdurchsatz zur Überhitzung im PC führen.

Neben der Temperaturüberwachung beispielsweise im PC-Innenraum haben sich Lüfter mit Tachoausgang bewährt. Fällt ein Lüfter aus oder wird er langsamer, löst der PC einen Alarm aus.

---

[14] Vgl. [TECC01]
[15] Vgl. [TECC01]

4.2.3 Absicherung der restlichen Hardwarekomponenten

Die restlichen PC-Komponenten sind im Serverbetrieb schwerlich redundant auszulegen: Eine doppelte Grafikkarte ist nicht zwingend sinnvoll, da sie im Servereinsatz eine untergeordnete Rolle spielt. Außer bei sehr kostspieligen Systemen schützen Mehrprozessor-Lösungen auch nicht vor dem Ausfall bei einer defekten CPU. Sowohl Hardwarestörungen auf dem gemeinsamen Bus als auch der Ausfall von Betriebssystem-Threads bringen den PC mit hoher Sicherheit aus dem Tritt. Sinnvoll ist auf jeden Fall aber die Absicherung des Systemspeichers durch Fehlerkorrekturbits (ECC). Vorteilhaft sind Rechner, die hierfür Standard-DIMMs verwenden. Proprietäre Bauformen, wie sie beispielsweise Compaq verwendet, kosten mehr als das Doppelte pro Megabyte. Auf der Hauptplatinenebene ist ein Ausfall verheerend, durch redundante Komponenten aber nicht abzusichern. Es gibt jedoch Wege, wie trotzdem der Totalausfall einer Anwendung vermieden werden kann. Diese werden im Kapitel „Lösungen mit redundanten Servern" beschrieben.[16]

4.2.4 USV – Unterbrechungsfreie Stromversorgung

Eine weitere Komponente der Energiezufuhr steht noch vor dem Netzteil: Mit einer unterbrechungsfreien Stromversorgung (USV) lassen sich oftmals mehrere Fliegen mit einer Klappe schlagen. Einerseits ist im Fall des Stromausfalls für eine gewisse Zeit noch Saft für den Rechner da. Anderseits fungieren bessere USVs auch als Netzfilter und leiten Störungen ab. Sie erleichtern damit den Netzteilen die Arbeit fernab der Stressgrenzen der Schalttransistoren. Eine USV gehört also zu einem ausfallgesicherten Server wie eine RAID-Lösung im Festplattenbereich.

Bei der Dimensionierung der USV sind zwei Parameter entscheidend: Die Ausgangsleistung und die Überbrückungszeit. Bei der Ausgangsleistung sollte man nicht nur den Server selbst berücksichtigen. Ist manuelles Eingreifen zum geregeltem Herunterfahren nötig, muss auch der Monitor mitversorgt werden. Um den Netzwerkbetrieb aufrecht zu erhalten, benötigen auch die Switches und Hubs eine Notversorgung. Auch ist in fensterlosen Serverräumen eine Notbeleuchtung recht nützlich.

Die Überbrückungszeit legt man typisch auf 15 Minuten aus. Dies reicht aus, um hausinterne Störungen (Sicherung) zu beheben. Professionelle USVs teilen dem Rechner über ein serielles Interface den aktuellen Zustand mit. Dadurch kann zum einen bei Stromausfall eine Meldung an den Administrator verschickt werden. Zum anderen informiert die USV den Server kurz vor der vollständigen Entladung, sodass sich dieser selbstständig kontrolliert herunterfahren kann.[17]

4.3 Lösungen mit redundanten Servern

Bei redundanten Server-Systemen sind mehrere Server vorhanden. Bei Ausfällen übernehmen andere die Aufgaben des ausgefallenen Servers.

---

[16] Vgl. [TECC01]
[17] Vgl. [TECC01]

Wenn sich die Server in verschiedenen Räumen und Gebäuden befinden, können Risiken (z.B. Komplettausfälle bei Katastrophen wie Feuer) weiter minimiert werden.

4.3.1 Backup-Server

Viele Server sollen permanent verfügbar sein und durch Wartungsarbeiten nicht unterbrochen werden, beispielsweise Webserver. Allerdings brauchen Server Pflege, insbesondere die Bauteile, welche einem mechanischen Verschleiß unterliegen. Gerade Festplatten sollte man nach einigen Jahren austauschen, bevor die Defekte auftreten. Doch wenn der Server hierzu heruntergefahren wird, muss ein anderer Server einspringen, denn die Internet-Präsenz darf keinesfalls offline sein.
Das einfachste Verfahren ist, einen zweiten Backup-Server aufzustellen, der die gleichen Daten wie der erste Server enthält. Durch Ummappen der DNS-Einträge wird dieser Backup-Server als primärer Server angesprochen und der Hauptserver kann zu Wartungsarbeiten heruntergefahren werden. Der Nachteil ist allerdings, dass dieses Verfahren einen quasi nutzlos herumstehenden Backup-Server erfordert – schließlich steht dieses Gerät während der Backup-Zeit nicht für andere Aufgaben zur Verfügung.
Der zweite Nachteil ist die Synchronisation der Daten: Da die Dateien während der Laufzeit des Hauptservers übertragen werden müssen, diese Replikation aber einige Zeit in Anspruch nimmt, kann es zu Inkonsistenz kommen. So gehen Vorgehen verloren, wenn sie stattfinden, nachdem die entsprechenden Daten kopiert wurden und bevor der Backup-Server die Arbeit aufnimmt. Bei der Rückübertragung auf den Hauptserver entstehen die gleichen Probleme erneut. Die einzige Chance, dies zu vermeiden ist, das System während dem Kopieren zu stoppen.

Es ist auch ein Backup-Server denkbar, auf dem Daten mit dem Hauptserver permanent synchronisiert werden. Bei Hardwaredefekten am Hauptserver kann in diesem Fall sogar direkt der Backupserver einspringen und dessen Aufgaben übernehmen.

4.3.2 Cluster

Eine Möglichkeit, um Hochverfügbarkeit zu erreichen, sind Cluster-Systeme. Hier werden zwei oder mehr Server physisch und per Software so miteinander verbunden, dass bei Ausfall eines Servers der andere dessen Aufgaben mit übernimmt.

Die Daten müssen bei Clustern auf einem gemeinsam erreichbaren Datenträger liegen. Dienste und Applikationen können im laufenden Betrieb von Server zu Server verschoben werden. Fällt ein Server aus, so übernimmt der Rest des Clusters seine Aufgaben, wobei die Daten im Hauptspeicher des defekten Servers verloren sind.

Der Aufbau eines Clusters erfordert im Vorfeld Aufwand, um das Cluster zu konfigurieren sowie die für den Ausfall erforderlichen Skripte zu entwickeln und testen. Diese müssen in der Folge bei Hardware- und Software-Änderungen gegebenenfalls gepflegt werden.

Deshalb greift man oftmals zu vordefinierten Lösungen, die beispielsweise von IBM, HP und Dell angeboten werden. Cluster sind in Verbindung mit Windows Systemen (z.B. Windows 2003 Datacenter und Enterprise Edition) und Linux-Systemen möglich.[18][19]

4.3.3 VMWare: virtuelle Clustersysteme

Mit VMWare können Rechner unter Windows und Linux komplett virtualisiert werden.

Mittlerweile lassen sich komplette virtuelle Infrastrukturen darstellen. Das bedeutet, dass man z.b. in einem Netzwerk 50 Server sieht, es tatsächlich aber nur 3 physikalische Server gibt. Der Rest sind virtuelle Server.

VMware bietet mittels der Software VMotion die Möglichkeit, einen virtuellen Server von einem physikalischen Host zum nächsten zu transferieren, ohne dass der virtuelle Server heruntergefahren werden muss. Das hat den Vorteil, dass die User weiterarbeiten können, auch wenn an der physikalischen Maschine z.B. Hardware getauscht oder erweitert werden muss. Für sie ist "ihr" Server nicht down.[20]

Systeme können mittels VMWare so konfiguriert werden, dass beim Ausfall einer Maschine die verbleibenden Server (mit geringerer Performance) alle Leistungen erbringen können.

Mit der VMWare GSX-Server Edition können hochleistungsfähige Server in bis zu 64 virtuelle Maschinen aufgeteilt werden, die verschiedenste Server-Anwendungen und Betriebssysteme ausführen.

VMWare bietet mit Sicherheit Vorteile. Doch die Lizenzkosten sind enorm. VMWare GSX Server Edition kostet aktuell als 2-CPU-Lizenz ca. 1200 Euro, eine Lizenz ohne CPU-Begrenzung 2500 Euro. (Stand der Preise: 15.10.2005, www.geizhals.at/de)

4.4 Software-Probleme: Maßnahmen

4.4.1 Softwarebugs

Um Softwareprobleme beliebiger Art zu vermeiden, sollte im Allgemeinen daran gedacht werden, jegliche relevante Software auf neuestem Stand zu halten. Updates und Patches beheben oftmals entdeckte Bugs und bekämpfen Sicherheitslücken und Inkompatibilitäten. Das gilt für Betriebssysteme genauso wie für jede andere eingesetzte Software. Applikationen sollten je nach Notwendigkeit regelmäßig auf korrekte Funktionsweise überprüft werden.

Durch Wartungsverträge kann die Lieferung von Updates und Patches sichergestellt werden, sofern Hersteller diese nicht kostenlos liefern. Desweiteren kann so eine Hilfestellung bei akuten Softwareproblemen sichergestellt werden.

---

[18] Vgl. [MUEL03], S. 111
[19] Vgl. [TECC01]
[20] Vgl. [WIKI-4]

Bereits bei der Auswahl der Software sollte die Sicherheit bedacht werden. Höhere Kosten können hierbei mehr Sicherheit bedeuten. Nahmhafte Hersteller bieten durch Erfahrungswerte meist weniger bugbehaftete Software. Beta-Software wie auch Beta-Treiber sollten tunlichst vermieden werden.

Software kann redundant verfügbar sein bzw. ist das Ausführen der Serverapplikationen auf verschiedenen Systemen möglich und kann im Notfall von einem anderen Server übernommen werden.

So kann z.B. eine Firewall redundant vorhanden sein, so dass die Verbindung nach außen durch einen Ausfall der Firewall nicht unterbrochen wird.

4.4.2 Malware vermeiden

Die Kombination von Firewall und Antivirenprogramm ist bei Unternehmen ein Muss. Sie gehören in der Regel zu den wichtigsten Bestandteilen von Sicherheitskonzepten. Die Kosten sind im Verhältnis zum Nutzen, der Risikominderung, gering.

Durch die Firewall müssen jegliche Daten, die von außen in das System gelangen, diese zunächst „durchdringen", andersherum ebenso. Der Datenstrom wird gescannt und das Eindringen von Viren bedingt verhindert. Viele von Malware genutzte Ports werden blockiert und machen das System unempfindlich gegen bestimmte Eindringlinge.

Antivirenprogramme beseitigen die verschiedenste Formen von Malware. Es kann gezielt gesucht werden oder der Speicher wird kontinuierlich nach Virensignaturen gescannt.

Das Sicherstellen einer regelmäßigen Automatisierung sollte unbedingt zentral erfolgen. Die Benutzer sollen sich nicht um Updates von Antivirensoftware kümmern müssen. Die Verteilung von neuen Produktversionen (Engines) und Signaturen muss automatisiert werden. Administratoren sollten über das Auftreten von Malware automatisiert und sofort informiert werden.

Der korrekte Umgang mit fremden Datenträgern sollte in Unternehmen festgelegt sein und die Mitarbeiter hiervon unterrichtet werden. Der Zugriff auf das Internet sollte nur von Mitarbeitern erfolgen, die dieses auch wirklich benötigen. Privates Surfen im Internet sollte ggf. untersagt werden.

4.5 Zeitpunktbezogene Datensicherungen

4.5.1 Allgemeines

Befallen Viren trotz aller Sicherheitsbemühungen ein System und „zerstören" dies, beispielsweise durch das Löschen von Daten oder irreversible Beschädigungen am Betriebssystem, ist das rasche Einspielen von Backups nötig. Werden Daten z.B. aufgrund von Softwarebugs gelöscht oder ungewollt verändert, sind zeitpunktbezogene Backups gefragt. RAID-Systeme helfen in solchen Fällen nicht.

Der Fall, dass mehrere Festplatten fast zeitnah ausfallen ist zudem zwar sehr unwahrscheinlich, aber trotzdem nicht ausgeschlossen.

Backups, die in solchen Fällen eingespielt werden, sind in der Regel Bandsicherungen. Selten werden Festplatten oder Wechseldatenträger wie DVD's verwendet. Auf Band können große Datenmengen kostengünstig archiviert werden, Nachteil ist jedoch das zeitintensive Zurückspielen von Daten.

Datensicherungen sollten weitestgehend automatisiert ablaufen. Dazu gehören ein zeitgesteuertes Ausführen von Kopiervorgängen und das Wechseln von Sicherungsmedien. Die Sicherungen sollten regelmäßig überprüft und überwacht werden.

Die Sicherungen sollten möglichst in anderen Räumen, wenn möglich in anderen Gebäuden, als sich die Server mit den aktuellen Daten befinden, aufbewahrt werden. Gefahren wie Bränden oder mutmaßlichen Zerstörungen wird somit entgegengetreten.

4.5.2 Notfallmaßnahmen

Die Datenwiederherstellung im Notfall sollte geprobt und überprüft werden. Reaktionen im Fehlerfall erfolgen in der Regel unter großem Zeitdruck.

Die Wiederherstellung von Datenbeständen muss in regelmäßigen Abständen eingeübt werden. Durch unsachgemäßes Vorgehen bei der Wiederherstellung kann zusätzlich großer Schaden entstehen. Entsprechende Prozesse müssen daher sicher beherrscht werden.

5 Zusammenfassung und Ausblick

5.1 Erreichte Ergebnisse

Es gibt verschiedenste Gefahren und Maßnahmen, Sicherheit zu erhöhen. Egal ob Gefahren durch Viren, Hardwareschäden oder ähnliches gegeben sind – man muss den Sicherheitsbedarf einzuschätzen wissen, um die die allgemeine Sicherheit effektiv erhöhen zu können. Hierfür sind entsprechende organisatorische Maßnahmen vonnöten. Eine Bedrohungsanalyse und ein Sicherheitskonzept helfen oft weiter. In vielen Unternehmen könnte man das Sicherheitsniveau bereits durch relativ kostengünstige Maßnahmen erhöhen.

Die verschiedenen Maßnahmen sind vielfältig. Redundante Hardwarekomponenten sind je nach Ausfallwahrscheinlichkeit genauso wichtig wie Präventivmaßnahmen, um Malware zu vermeiden.

Umso mehr Sicherheit man möchte, desto mehr Geld muss man investieren. Entsprechend teuer sind hochverfügbare Systeme mit sehr geringen Ausfallzeiten.

5.2 Ausblick

Die Komplexität der Systeme steigt auch in Zukunft und immer mehr Systeme sind abhängig voneinander. Gleichzeitig steigt der Sicherheitsbedarf, weshalb die Sicherheit von Systemen an Bedeutung zunimmt.

Durch den steigenden Sicherheitsbedarf werden auch hochverfügbare Systeme mit minimalen Ausfallzeiten immer mehr nachgefragt.

Der Trend geht zur Gewinnmaximierung durch Kostenminimierung, weshalb ein optimales Sicherheitsniveau wichtig ist, um die Kosten möglichst gering zu halten.

Quellenverzeichnis

[WIKI-1]   Wikipedia: „Sicherheit"

             http://de.wikipedia.org/wiki/Sicherheit

             Abgerufen am 07.10.2005

[WIKI-2]   Wikipedia: „Ausfallsicherheit"

             http://de.wikipedia.org/wiki/Ausfallsicherheit

             Abgerufen am 08.10.2005

[WIKI-3]   Wikipedia: „Ausfallwahrscheinlichkeit"

             http://de.wikipedia.org/wiki/Ausfallwahrscheinlichkeit

             Abgerufen am 08.10.2005

[WIKI-4]   Wikipedia: „VMWare"

             http://de.wikipedia.org/wiki/Ausfallwahrscheinlichkeit

             Abgerufen am 08.10.2005

[GEDI05]   http://geheimdienste.org/bsi.html

             Abgerufen am 07.10.2005

[TECC00]   Tecchannel.de: „Ausfallsichere Systeme", 04.05.2001

             http://www.tecchannel.de/server/sicherheit/401408/

             Abgerufen am 06.10.2005

[TECC00]   Tecchannel.de: „Ausfallsichere Systeme", 04.05.2001

             http://www.tecchannel.de/server/sicherheit/401408/

             Abgerufen am 06.10.2005

[AEBI04]   AEBI, D: Praxishandbuch Sicherer IT-Betrieb. Gabler Verlag. Wiesbaden 2004.

[MUEL03]   MÜLLER, K.-R: IT-Sicherheit mit System. Vieweg Verlag. Wiesbaden 2003.

Stichwortverzeichnis